Gewohnheiten ändern und Selbstdisziplin aufbauen

Wie Sie Schritt für Schritt Ihre schlechten Gewohnheiten ablegen und mithilfe psychologischer Grundprinzipien durch positive Gewohnheiten ersetzen

inkl. der besten Tipps für mehr Selbstdisziplin und Durchhaltevermögen!

Mareike Schüder

Alle Ratschläge in diesem Buch wurden vom Autor und vom Verlag sorgfältig erwogen und geprüft. Eine Garantie kann dennoch nicht übernommen werden. Eine Haftung des Autors beziehungsweise des Verlags für jegliche Personen-, Sach- und Vermögensschäden ist daher ausgeschlossen.

INHALT

Das erwartet Sie in diesem Buch

Haben Sie mit immerwährenden, lästigen Gewohnheiten zu kämpfen, die Ihnen das Leben einfach nur schwer machen? Suchen Sie schon länger nach der ultimativen Lösung, wie Sie diese endlich ändern oder loswerden können? Dann wird Ihnen dieses Buch weiterhelfen!

Gewohnheiten gehören zu unserem Leben dazu, denn viele von ihnen sind lebensnotwendig und erleichtern so manchen Alltag. Allerdings gibt es auch viele schlechte, die getrost wegbleiben können. Mit den verschiedenen Tipps und Schritt-für-Schritt-Anleitungen in diesem Buch können Sie diese verändern oder sogar ganz eliminieren. Dieses Buch wird Ihnen dabei helfen, alte Gewohnheiten aus Ihrem Leben zu verbannen und neuen Gewohnheiten eine Chance zu geben.

Sie erfahren alles über gute und schlechte Gewohnheiten und die drei Kategorien, in die sie einzuteilen sind. Somit bekommen Sie einen besseren Überblick über Ihre eigenen Angewohnheiten. Sie lernen, wie Sie gute und schlechte Gewohnheiten identifizieren, alte loswerden oder zu guten Gewohnheiten verändern und diese wiederum weiter ausbauen können. Erst, wenn Sie Ihre Automatismen kennenlernen und wirklich wissen, welche Ihnen guttun und welche nicht, können Sie sie verändern!

Von Kapitel zu Kapitel wird dieses Buch Sie mit Gewohnheiten vertraut machen, verdeutlichen, was deren Zweck eigentlich ist, und Ihnen praktische Anleitungen mit an die Hand geben, mit denen Sie garantiert jede noch so unliebsame Handlung verändern werden.

Wie entstehen Gewohnheiten?

Es ist kein Geheimnis, dass Körper und Geist miteinander verbunden sind. Beide sind voneinander abhängig, weswegen die meisten Menschen der Ansicht sind, dass es unmöglich oder besonders schwierig sei, einen Automatismus im Gehirn zu verändern. Natürlich ist es nicht einfach, diese aufzuhalten, doch die Frage, die Sie sich stellen sollten, lautet: Welche Ihrer Gewohnheiten ist Ihr Freund oder Feind?

Denn Tatsache ist: Ohne diese Automatismen

würde das Leben wirklich anstrengend werden. Wie würde es sich anfühlen, jede Entscheidung bewusst wahrzunehmen? Fragen wie „In welche Richtung drehe ich die Flasche auf?" oder „Ziehe ich den linken oder den rechten Schuh zuerst an?" werden Gott sei Dank automatisch beantwortet. Deswegen können Sie sich glücklich schätzen, dass Ihre Gewohnheiten Entscheidungen übernehmen, mit denen Ihr Gehirn auf Dauer gedanklich überfordert wäre.

Der Kognitionspsychologe Lars Schwabe bestätigt, dass das menschliche Hirn mithilfe von Gewohnheiten viel an Energie einspart. Diese wird nämlich benötigt, um in einer stressigen Situation schnell zu reagieren sowie wichtige Dinge wie Planungen, Entwicklungen und Organisation übernehmen zu können. Für das Gehirn sind diese Entscheidungen nämlich weitaus relevanter als eine Gewohnheit.

Wie entsteht nun der Prozess der Gewohnheiten im Gehirn? Durch Routinen!

Diese entwickeln sich bereits im Kindesalter. Meist entstehen Automatismen durch das Spielen und Lernen. Der vordere Teil des Gehirns ist aktiv, denn er ist für das rationale Denken sowie das

Bewusstsein verantwortlich. Dieses Areal nennt sich „Präfrontalkortex". Zumeist bekommt das Kind für eine erlernte Sache eine Belohnung und wird die jeweilige Handlung demnach wiederholen.

Routinen ermöglichen jedem Menschen ein Leben ohne viele Mühen. Mit dauerhafter Wiederholung ist es kein Problem, Auto zu fahren, zu lesen, zu rechnen oder die Fernbedienung zu bedienen.

Da alles immer einen Gegenpol hat, besitzt ein jeder von uns auch schlechte Gewohnheiten, die ebenso wie die Guten in den Basalganglien des Gehirns sitzen. Besonders die Bereiche Sport, Ernährung sowie negative Glaubenssätze sind von schlechten Gewohnheiten geprägt.

„Die Macht der Gewohnheiten"

Wie bereits erwähnt, ist es unmöglich, jeden Gedanken zu überwachen. Das liegt daran, dass das rationale Denken nicht häufig genutzt wird, da es für das Gehirn zu viel Anstrengung kostet. So zählt es zur gedanklichen Routine, was richtig oder falsch ist und wie wir uns selbst und andere sehen. Menschen werden auf den ersten Blick direkt in Kategorien eingestuft – abhängig von unseren jeweiligen Überzeugungen.

Die eigenen Gewohnheiten sagen jedoch viel

über den Charakter aus, denn sie entscheiden, was wir für wichtig halten oder was wir bevorzugen. Fragen Sie sich selbst: Sind Sie eher der nachdenkliche Typ oder sehen Sie alles von vornerein positiv? Viele emotionale Gewohnheiten sind von der eigenen Persönlichkeit abhängig. Diese übernehmen die Führung, wenn es zu einer entsprechenden Situation kommt.

Es ist demnach kein Wunder, dass Sie Ihre Gewohnheiten als störend empfinden. Wie würden Sie Ihre gewöhnlichen Abläufe beschreiben? Lösen sie Stress aus und sind Zeitfresser, durch die Sie abgelenkt werden, statt zu arbeiten? Steigt Ihre Wasserrechnung in die Höhe, weil Sie beim Zähneputzen den Hahn laufen lassen? Ist Ihre Gesundheit gefährdet, weil Sie vor dem Schlafengehen einen Riegel Schokolade essen müssen, weil Sie es so gewohnt sind? Ich kann Sie verstehen. Die gute Nachricht ist: Diese Art von Gewohnheiten können Sie ändern!

Um jedoch die guten Gewohnheiten hervorzuheben und weiter auszubauen, müssen Sie wissen, wofür sie gut sind. Sie müssen Ihre eigenen Gedanken kennenlernen. Durch das ständige Wiederholen von bestimmten Handlungen kann Ihr Vertrauen in sich selbst wachsen.

Denken Sie zurück an die Zeit, zu der Sie Ihren Führerschein gemacht haben. Hatten Sie Angst vor der Fahrprüfung? Und wie sieht es mittlerweile aus? Haben Sie noch irgendwelche Befürchtungen, wenn Sie ins Auto steigen, oder wissen Sie genau, wo die Bremse und das Gas sind?

Sogar zwischenmenschliche Beziehungen profitieren von guten Gewohnheiten. Die Bindung von einem Baby zur Mutter wird nur durch wiederholte Zuneigung gestärkt. Je öfter der beste Freund oder Partner für einen da ist, desto fester ist die Freundschaft oder Partnerschaft. Treue und Vertrauen entwickeln sich und spielen in schweren Zeiten eine entscheidende Rolle. Das alles ermöglicht die Macht der Gewohnheit!

Was sind denn nun Gewohnheiten?

Sie möchten bestimmte Gewohnheiten ändern und andere weiter ausbauen? Kein Problem, nur was sind Gewohnheiten denn überhaupt? Ändern kann man nur etwas, das einem bekannt ist.

Gewohnheiten sind sich wiederholende Verhaltensweisen. Die meisten dieser Verhaltensweisen spielen sich unbewusst ab und scheinen schwer kontrollierbar, weil sie eine automatische Reaktion auf Reize darstellen. Gewohnheiten bestimmen die eigenen Gedanken und Gefühle, sind erlernbar und sogar vermeidbar. Unterschieden wird zwischen:

Denkgewohnheiten

Verhaltensgewohnheiten

Gefühlsgewohnheiten

Erstere äußern sich durch Dinge, die als gut oder schlecht bewertet werden; wie wichtig jemandem Pünktlichkeit ist, wie man sich selbst und schlimme Situationen bewertet. Unter Verhaltensgewohnheiten sind meist die schlechten Verhaltensabläufe zu finden wie Zuckersucht, Faulheit, Ablenkung durch das Smartphone oder das nervöse Nägelkauen, während Gefühlsgewohnheiten Sie darauf aufmerksam machen, wie Sie fühlen. Nehmen Sie schnell alles persönlich? Neigen Sie zu Wutausbrüchen in bestimmten Situationen? Sind Sie schnell verletzt oder empfinden häufig Angst?

In Kategorien unterteilt, wird es leichter, die eigenen Gewohnheiten genauer unter die Lupe zu nehmen, um dann entscheiden zu können, welche verändert, entfernt oder ausgebaut werden sollen.

DER UNTERSCHIED ZWISCHEN GUTEN UND SCHLECHTEN GEWOHNHEITEN

Jetzt gilt es die Frage zu beantworten, welche Gewohnheiten Ihnen guttun und welche nicht. Es gilt dabei den Schaden, den eine Angewohnheit mit sich bringen kann, dem Nutzen gegenüberzustellen. Dieser muss stets größer sein.

Denken Sie einfach darüber nach. Tut es Ihnen gut, wenn Sie morgens nach dem Aufstehen eine kleine Sporteinheit machen? Lieben Sie es, in der Mittagspause einen Spaziergang zu machen? Wie sieht es mit ihren Essgewohnheiten aus? Ernähren Sie sich hauptsächlich ausgewogen und gesund oder kommt Ihnen die schlechte Gewohnheit, abends noch eine große Portion Kohlenhydrate zu essen, in die Quere?

Haben Sie sich Gedanken über Ihre Gewohnheiten gemacht, müssen Sie sich im nächsten Schritt entscheiden, ob Sie diese verändern, löschen oder ausbauen wollen. Besonders schlechte Gewohnheiten sollten genauer betrachtet werden. Folgende Fragen helfen dabei:

Was bringt Ihnen diese Gewohnheit?
Was passiert, wenn Sie sie ändern?

Diese beiden Fragen entwickeln in Ihnen das Verlangen, die schlechten Gewohnheiten anzugehen.

Nehmen wir an, eine Ihrer unguten Verhaltensweisen ist es, bei einem Film immer eine Tüte Chips zu essen. *Was bringt Ihnen diese Gewohnheit?* Es schadet Ihrer Gesundheit und Ihrer Figur. *Was würde passieren, wenn Sie statt der Chips einen Gemüseteller verzehren?* Sie behalten die Gewohnheit bei, beim Fernsehschauen etwas im Mund zu haben, doch tun gleichzeitig Ihrer Gesundheit und Ihrer Figur etwas Gutes.

Wenn Sie allerdings diese Angewohnheit ein für alle Mal loswerden wollen, sollten Sie sich fragen, ob Sie den Film wirklich weniger genießen würden, wenn Sie dabei nichts essen würden. Würden Sie das, was im Fernseher läuft, spannend genug finden, müssten Sie sich nicht mit dem Essen ablenken. Verstehen Sie, worauf ich hinaus möchte? Alle Gewohnheiten haben eine Ursache, und diese gilt es herauszufinden.

Haben Sie auch mit zeitfressenden Ablenkungen

zu tun? Diese schaden Ihnen meist eher, als dass sie Nutzen bringen, und sollten vor allem gelöscht oder verändert werden. Aufgrund der Mediengeneration gehören zeitfressende Dinge wie das Smartphone und verschiedene Soziale-Medien-Apps mittlerweile zum Alltag dazu. Stellen Sie sich hierbei die Frage: *Womit können Sie diese Zeitfresser sinnvoller ersetzen?* Suchen Sie nach sozialen Kontakten, könnten Sie sich doch lieber mit Freunden auf einen Kaffee treffen. Brauchen Sie Unterhaltung, wäre doch ein spannendes Fußballspiel eine gute Alternative.

MIT DIESEN 5 SCHRITTEN WERDEN SIE SCHLECHTE GEWOHNHEITEN LOS

Schlechte Gewohnheiten will niemand haben. Gute dafür umso mehr! Mit den folgenden 5 Schritten schaffen Sie es erfolgreich, die negativen Angewohnheiten loszuwerden.

Schritt 1: Wie sieht Ihr persönliches Belohnungssystem aus?

Welche Belohnung bringt eine schlechte Gewohnheit mit sich? Finden Sie diese heraus, um sie zu eliminieren. Um das Beispiel vom Abschnitt zuvor aufzugreifen: Brauchen Sie bei Stress Zucker, um sich danach entspannt zu fühlen? Ändern Sie ihr Belohnungssystem und machen Sie stattdessen einen Spaziergang oder lesen ein Buch, um den Stress zu reduzieren.

Schritt 2: Schlechte Gewohnheiten durch Gute ersetzen

Im nächsten Schritt heißt es nun, das Belohnungssystem zu ändern, indem Sie eine Gewohnheit finden, die Ihnen nicht schadet, aber denselben Effekt erzielt. Statt Zucker zu sich zu nehmen, machen Sie lieber einen Spaziergang oder lesen Sie ein Buch. Sie können auch einen Kaffee trinken oder ein Kaugummi kauen. Langfristig gesehen kann dies ihre schlechte Angewohnheit eliminieren.

Schritt 3: Rückschläge sind vorprogrammiert

Ich mache Ihnen nichts vor: Eine Gewohnheit loszuwerden ist mit viel Geduld, Disziplin und Bewusstsein verbunden. Es kann demnach passieren, dass Sie scheitern, aber geben Sie nicht auf! Machen Sie immer weiter, denn mit der Wiederholung wird es von Mal zu Mal einfacher werden.

Schritt 4: Halten Sie Ihre Erfolge schriftlich fest

Damit Schritt 3 Sie nicht dazu zwingt, aufzugeben,

sollten Sie ein Tagebuch führen. Damit haben Sie jeden Erfolg vor Augen, wenn Sie einen Niederschlag erlebt haben. Sie lernen nicht nur motiviert zu bleiben, sondern auch mit welcher Belohnung Sie Ihre schlechten Gewohnheiten effektiv und dauerhaft loswerden. Wenn Sie wollen, schreiben Sie ebenso die Gründe für einen Rückschlag auf, um diese besser vermeiden zu können.

Schritt 5: Nicht aufgeben!
Geduld ist ein wichtiger Bestandteil dafür, eine schlechte Gewohnheit ein für alle Mal loszuwerden. Nehmen Sie sich deshalb bewusst vor, täglich in Ihr Tagebuch zu schreiben, um Ihr Ziel nicht aus den Augen zu verlieren. Ohne ausreichende Zeit kann sich keine Gewohnheit verabschieden. Es ist ein Prozess, der Sie mit ein wenig Durchhaltevermögen an ihr Ziel bringen wird!

MIT DIESEN 9 TIPPS BAUEN SIE IHRE GUTEN GEWOHNHEITEN AUF

Jeder Mensch hat jedoch auch einige gute Gewohnheiten anzubieten, die er gerne festigen oder aufbauen möchte. Gehören Sie auch dazu? Wollen Sie ebenfalls mehr Zeit in Ihre guten täglichen Abläufe investieren als in die schlechten? Dann zeige ich Ihnen mit diesen 9 Tipps, wie Sie das problemlos schaffen!

Tipp 1: Nehmen Sie sich zuerst eine gute Gewohnheit vor

Für den Anfang ist es leichter, mit einer guten Angewohnheit zu arbeiten, als mit einer schlechten Gewohnheit, die entfernt werden soll. Der Prozess dafür ist mit andauerndem Aufwand, Disziplin und Konzentration verbunden. Eine gute Gewohnheit auszubauen, eignet sich hervorragend für die ersten Schritte. Ob es nun 15 Minuten Sport am Tag sind oder 1 Stunde eine neue Sprache zu lernen, ist es doch einfacher, sich anfangs nur 15 Minuten konzentrieren zu müssen als 24 Stunden lang.

Tipp 2: Das Ziel sollte messbar und konkret sein

Es ist eine Sache, eine Gewohnheit auszubauen,

wenn Sie sich vornehmen mehr Sport zu treiben. Eine ganz andere Sache ist es, sich konkret dafür zu entscheiden, am Tag 10.000 Schritte zu gehen. Ziele zu verallgemeinern, ist kein guter Einstieg, um diszipliniert am Ball zu bleiben, denn wie wollen Sie Erfolge sehen, wenn diese nicht messbar sind?

Tipp 3: Führen Sie Tagebuch für ihre Gewohnheiten

Zuallererst sollten Sie Ihr Ziel, den Auslöser dafür, Ihr Verhalten und die jeweilige Belohnung schriftlich festhalten. Gleichzeitig ist es hilfreich, sich auch darüber Gedanken zu machen, wie Sie mit kommenden Rückschlägen umgehen möchten. Halten Sie ebenfalls in Ihrem Tagebuch fest, wie Sie sich fühlen werden, wenn Sie die neue Gewohnheit verankert haben, denn das wird Sie motivieren. Es nützt jedoch nichts, nur einmal im Monat in das Tagebuch zu schreiben, das sollte schon regelmäßig geschehen.

Tipp 4: Lassen Sie sich Zeit – mindestens drei Monate

Wie Sie in einem späteren Kapitel erfahren werden, gibt es keinen Zeitraum, der besagt, wann eine Gewohnheit sich manifestiert. Das ist von Mensch zu Mensch unterschiedlich und hängt von verschiedenen Faktoren ab. Mindestens ein Monat gilt jedoch allgemein als guter Richtwert. Gleichzeitig sollten die Ziele niedrig gehalten werden, damit Sie sich langsam steigern können.

Tipp 5: Freunde können ein toller Motivator sein
Die Unterstützung von Freunden oder der Familie kann sehr hilfreich sein. Manchmal macht es sogar mehr Spaß, Dinge gemeinsam anzugehen. Es gibt außerdem die Möglichkeit, sich im Internet Gleichgesinnte zu suchen, die dasselbe Ziel verfolgen. In Foren, den sozialen Medien oder auf Blogs finden sich immer Menschen, die selbst etwas verändern wollen.

Tipp 6: Bleiben Sie dran!
Der innere Schweinehund ist ein lästiger Feind. Deswegen sollten Sie nicht aufgeben, sondern alles dafür tun, dass er zu einem Freund wird. Lesen Sie regelmäßig in Ihrem Gewohnheitstagebuch, nehmen Sie sich Zeit für Ihre Gewohnheiten, motivieren Sie sich mit kleinen Affirmationen oder halten Sie sich jeden Tag vor Augen, was Sie erreichen wollen!

Tipp 7: Spüren Sie die Vorfreude auf die Veränderung

Es ist wichtig, sich auf das Ergebnis freuen zu können, denn sonst ist es mit der Motivation schnell vorbei. Deshalb muss immer wieder das Ziel vor Ihrem geistigen Auge zu sehen sein.

Tipp 8: Feiern Sie den Erfolg

Sobald Sie keine Willenskraft mehr aufwenden müssen, haben Sie die neue Gewohnheit erfolgreich manifestiert. Seien Sie stolz auf sich. Nun wird diese Gewohnheit automatisch ablaufen, Sie müssen sich nicht groß darum kümmern. Dennoch sollten Sie alle zwei Monate den aktuellen Stand weiterhin in Ihr Tagebuch schreiben, um sich immer wieder neu an Ihren Erfolg zu erinnern.

Tipp 9: Lernen Sie aus Misserfolgen

Wenn Sie merken, dass, egal was Sie tun, eine Gewohnheit einfach nicht zu verändern ist oder nicht weiter ausgebaut werden kann, lassen Sie es vorerst bleiben. Seien Sie aber deswegen nicht entmutigt, sondern widmen Sie sich stattdessen einer anderen Gewohnheit.

Das Ablaufschema jeder Gewohnheit

Wenn Sie sich fragen, ob ihre Gewohnheiten ein System besitzen, lautet die Antwort darauf: Ja! Sie laufen nach einem Schema ab, welches aus 3 Schritten besteht. Der Autor James Clear nannte dies „Die Gewohnheitsschleife". Im Folgenden werde ich Ihnen anhand eines Beispiels die drei Stufen der „Gewohnheitsschleife" verdeutlichen.

Schritt 1: Der Auslöser
Was muss passieren, damit eine Gewohnheit in Gang

gesetzt wird? Stellen Sie sich vor, Sie sitzen gemüt-
lich auf der Couch und wollen Ihren Feierabend genießen. Ihr Partner oder Ihre Partnerin kommt nach
Hause und Sie beide fangen eine Diskussion an, die
in einem Streit endet. Der Auslöser ist da.

Schritt 2: Die automatische Routine

Der Auslöser ist der Grund dafür, warum eine automatische Routine startet. In diesem Fall werden Sie
Stress empfinden, denn Streit versetzt den Körper in
eine stressige Situation. Es gibt verschiedene Gewohnheiten, die nun auftauchen können. Entweder
Sie brauchen etwas Zucker und greifen zum Schokoriegel, oder Sie verlassen die Situation und laufen
weg. Natürlich kann ein Auslöser auch Gewohnheiten mit sich bringen, die unfair gegenüber einem anderen Menschen sind. Zum Beispiel in Form von Be-
leidigungen, Sturheit, Gewalt oder aggressivem Verhalten. Nehmen wir jetzt aber an, Sie haben den
Drang, Ihren Frust mit Süßigkeiten zu stillen.

Schritt 3: Das Ergebnis oder die Belohnung

Nun kann eine gute Gewohnheit zu einer schönen
Belohnung führen. Sind Sie es beispielsweise ge-
wöhnt, in einer Stresssituation einen langen Spaziergang zu machen, bekommen Sie somit nicht nur den

Kopf frei, sondern tun gleichzeitig etwas für Ihre Gesundheit. Ist es jedoch eine schlechte Gewohnheit, die einsetzt, wie zum Beispiel sich mit Süßigkeiten zu vergnügen, wird aus dem Ergebnis meist eine Strafe. Vielleicht beruhigt Sie der Zucker, aber gleichzeitig nehmen Sie an Gewicht zu. Passiert diese Gewohnheit jedes Mal bei dem Auslöser „Stress", sollten Sie diese Angewohnheit lieber ändern oder den Auslöser loswerden.

Bei einem positiven Ergebnis empfiehlt es sich, diese Gewohnheit immer zu wiederholen, um sie weiter auszubauen. Ist das Ergebnis eher negativ, gilt es, die Gewohnheit zum Guten zu ändern oder eben ganz zu eliminieren. Haben Sie einmal dieses System verinnerlicht, wird es Ihnen leichter fallen eine Gewohnheit zu verändern.

Wann hat sich die (neue) Gewohnheit etabliert?

E s gibt dafür leider keinen festen Zeitraum, denn jeder Mensch ist nun einmal verschieden. Allerdings ist oft von drei verschiedenen Zeitabständen die Rede, wenn es um eine Änderung der Gewohnheiten geht. Diese werden im Folgenden vorgestellt.

Die berüchtigten 21 Tage
Diese Zahl stammt von einem Chirurgen namens Maxwell Maltz, der feststellte, dass die Patienten nach einem Eingriff 21 Tage brauchten, um sich an

die Veränderung an ihrem Körper zu gewöhnen. Leider wurde diese Annahme von Coaches und diversen Autoren in Bezug auf Gewohnheiten benutzt. Die Wahrheit ist, dass sich eine Gewohnheit nicht innerhalb von 21 Tagen ändern lässt.

30 Tage

Zu diesem Zeitraum gibt es eine positive sowie eine negative Schlussfolgerung. Ja, es stimmt, dass ein Monat ein guter Zeitraum ist, um selbst zu entscheiden, ob eine neue Gewohnheit etwas für einen ist oder nicht. Andererseits bedeutet es nicht, dass sich jede Angewohnheit in 30 Tagen verändern lässt.

66 Tage

Diese Zahl wurde aus einer neuen Studie von Phillippa Lally entnommen. Sie führte diese in der Universität London College durch. Dabei wurde die Frage untersucht, wie lange es dauern wird, eine Gewohnheit zu verändern. Die Teilnehmerzahl lag bei 96 Probanden. Diese mussten sich eine Gewohnheit vornehmen, die sie ändern wollten, und das innerhalb von 66 Tagen. An jedem dieser Tage sollten die Probanden erläutern, wie sich das neue Verhalten anfühlte. Im Durschnitt hatten die meisten von ihnen nach der gegebenen Zeit ihre Gewohnheit verändert.

Es gab jedoch Ausnahmen: So veränderten einige nach 18 Tagen bereits ihre Gewohnheit, während wieder andere 254 Tage dafür brauchten, denn die 66 Tage trafen eben nicht auf alle Probanden zu (Lally Van Jaarsveld Potts Wardle, P. L. C. H. M. . v. a. n. . J. H. W. W. P. J. W. (2009, Juni 16). *How are habits formed: Modelling habit formation in the real world.* Wiley Online Library. https://onlinelibrary.wiley-.com/action/cookieAbsent)

DIESE 13 FAKTOREN SIND AUS-SCHLAGGEBEND FÜR DIE DAUER EINER VERÄNDERUNG DER GE-WOHNHEITEN

Im vorherigen Kapitel haben Sie drei Kennzahlen kennengelernt, die angeblich die Dauer einer Veränderung fixieren sollten. Ich stelle Ihnen nun 13 Faktoren vor, die eher vorrausagen, wie lange es bis zur Änderung einer Gewohnheit dauern könnte.

Faktor 1: Was ist der Schwierigkeitsgrad der Gewohnheit?

Es gibt Handlungen, die sich leicht antrainieren lassen. Daraus lässt sich schließen, dass je komplexer eine Gewohnheit ist, es umso länger dauert, sie zu verändern. Was genau sind aber „einfache Gewohnheiten"?

• Das Anschnallen im Auto, bevor die Fahrt losgeht

• Die Zahnbürste wieder dorthin zu stellen, woher sie genommen wurde

• Die Schuhe nach dem nach Hause kommen auszuziehen

„Schwere Gewohnheiten" könnten demnach sein:

• Die Ernährung komplett umzustellen

• Ein Tagebuch zu führen

• Konsequent Sport zu treiben

Ist die Frage nach dem Schwierigkeitsgrad erst mal geklärt, sollten Sie dennoch nicht zu viele Erwartungen auf eine bestimmte Dauer setzen, um die Gewohnheit endlich verändert zu sehen.

Faktor 2: Es ist schwieriger, eine alte Gewohnheit zu ändern als sich eine neue anzueignen

Veränderungen sind immer mit Anstrengung verbunden. Es geht nicht von jetzt auf gleich, eine alte Gewohnheit loszuwerden und sich dann noch eine neue anzutrainieren. Deswegen sollten Sie sich bewusst sein, dass dieses Vorhaben auch länger dauern wird.

Faktor 3: Ist die alte Gewohnheit sehr stark in Ihrem Unterbewusstsein verankert?

Es gibt Gewohnheiten, die seit der Kindheit bestehen. Diese brauchen in der Regel länger, bevor sie ganz verändert sind. Es gilt hierbei also, dass sich neue Gewohnheiten schneller ändern lassen als tief verankerte.

Faktor 4: Disziplin, Selbstkontrolle und Willenskraft

Was Sie brauchen, um eine Gewohnheit dauerhaft zu verändern, sind diese drei Eigenschaften. Besonders die Selbstdisziplin ist notwendig, um eine schnelle Veränderung zu erzielen. Genaueres werden Sie im Verlaufe des Buches erfahren.

Faktor 5: Wie stark ist ihre Motivation hinter der Veränderung der Gewohnheit?

Ohne Motivation keine Veränderung! Spätestens, wenn die anfängliche Euphorie, Dinge ändern zu wollen, nachlässt, wird die Gewohnheit bestehen bleiben. Vereinzelte Situationen bringen die gewünschte Motivation mit sich, beispielsweise wird ein Krebspatient mit Sicherheit mit dem Rauchen aufhören oder ein Perspektivenwechsel bestimmte Denkgewohnheiten verändern. Diese Situationen werden im Fachjargon „Teachable Moments" (dt.:

lernbare Momente) genannt. Sie geben einem die Möglichkeit, alte Gewohnheiten zu durchbrechen, und die Chance, neue festzulegen. Das Gehirn nimmt solche Momente, die mit Emotionen verknüpft sind, schneller auf. Es muss jedoch gesagt werden, dass diese Möglichkeit nicht die ganze Zeit über besteht. Spätestens dann gilt es zu handeln.

Faktor 6: Haben Sie bereits einige Gewohnheiten erfolgreich geändert?

Ist das der Fall, wird Ihnen die Veränderung anderer Gewohnheiten ebenfalls schnell gelingen. Jede erfolgreiche Änderung verkürzt die Zeit für die nächste.

Faktor 7: Was sind Ihre Stärken?

Haben Sie bestimmte Stärken, wird es Ihnen in diesen Bereichen schneller gelingen, sich eine Gewohnheit anzueignen. Leider funktioniert das auch mit Ihren Abneigungen, nur andersherum. Wollen Sie beispielsweise Ihre Ernährung umstellen, kochen jedoch nicht gerne, wird diese Angewöhnung ihre Zeit brauchen. Begeisterung für eine Sache macht das Lernen oder Ändern einer Gewohnheit nicht nur leichter, sondern auch weniger zeitintensiv.

Faktor 8: Wie sehen Ihre Überzeugungen aus?

Vielleicht kennen Sie sie unter dem Namen „Glaubenssätze". Damit sind die inneren Überzeugungen gemeint, die im Unterbewusstsein das Handeln eines Menschen steuern. Sie sind ebenfalls unter die Kategorie „Denkgewohnheiten" einzustufen. Es kann sein, dass ein vorhandener Glaubenssatz dafür verantwortlich ist, dass es seine Zeit braucht, um eine bestimmte Gewohnheit zu verändern oder zu erlernen. Hierbei sollten Sie sich Ihre Glaubensätze bewusst machen und diese gegebenenfalls vorher verändern.

Faktor 9: Was hat es mit Nutzen und Gewinn auf sich, wenn es um Gewohnheiten geht?

Wussten Sie, dass, wenn Sie einen unerwarteten Nutzen erhalten, Ihr Gehirn Glückshormone ausschüttet? Diese sind dafür verantwortlich, dass Sie das, was Ihnen diesen Vorteil verschaffte, eher behalten.

Mit Gewohnheiten ist es ganz ähnlich. Mal angenommen, Ihre alte Gewohnheit ist auf einer positiven Lernerfahrung gegründet und hat Ihnen einen guten Nutzen gebracht. Die neue Angewohnheit aber würde Ihnen diesen Nutzen nicht bringen. So sorgt ein inneres Ungleichgewicht dafür, dass Sie für das

Erlernen der neuen Angewohnheit vermutlich länger brauchen werden.

Andersherum kann es auch sein, dass die neue Gewohnheit Ihnen einen Gewinn bringen wird, den die alte nicht besessen hat. Somit ist der Ansporn, die alte abzulegen, um die neue zu erlernen, viel größer und weniger zeitintensiv.

Faktor 10: Wie sehr wollen Sie es für sich?

Dieser Faktor hat wieder etwas mit der eigenen Motivation zu tun. Ist sie auf Ihren Wünschen gegründet oder denen der anderen? Meist vermischen sich nämlich unsere Bedürfnisse mit denen der anderen. Wichtig ist jedoch, dass es Ihr Wunsch ist, etwas zu verändern oder neu zu erlernen.

Wollen Sie zum Beispiel abnehmen, weil Sie sich in Ihrer Haut nicht mehr wohlfühlen oder nur, weil Ihr Partner Ihnen dann mehr Komplimente macht? Fakt ist, dass eine Motivation, die Sie selbst betrifft, stärker ist als eine, die auf dem Willen anderer Menschen beruht. Das verkürzt gleichzeitig die Zeit, bis sich eine Gewohnheit manifestiert hat.

Faktor 11: Wie sehr tut es weh?

Die meisten Menschen bleiben in ihren alten Gewohnheiten hängen, weil es noch nicht genug schmerzt. Wie viele sind mit ihrem Partner zusammen, obwohl er sie schlecht behandelt, oder wechseln nicht den Job, auch wenn sie unglücklich sind? Je mehr es wehtut und je weniger Sie damit klarkommen, desto schneller kann sich eine Gewohnheit verändern.

Faktor 12: Den richtigen Auslöser finden

Eine Gewohnheit läuft nach dem Prinzip des „Wenn-Dann" ab. Ist ein Auslöser da, macht die Gewohnheit sich selbstständig. Möchten Sie allerdings eine Gewohnheit ändern oder ganz loswerden, sollte der Auslöser so oft wie möglich vermieden werden. Beispielsweise ist es für Sie zur Gewohnheit geworden, jedes Mal, wenn Sie Stress haben, etwas Süßes zu essen. Vermeiden Sie den Stress, dann kann die Angewohnheit nicht stattfinden. Je öfter Sie das tun, desto schneller ändert sich etwas.

Faktor 13: Sind Sie bereit für eine Veränderung?

Es sollte niemals eine Gewohnheit spontan geändert werden! Die richtige Vorbereitung auf eine Veränderung ist das A und O, denn dann findet diese auch schneller statt. Gleichzeitig steigt damit die Chance des Erfolgs.

Erkennen Sie diese 3 Stolpersteine, um Gewohnheiten zu ändern

Hindernisse sind ein Störfaktor, der Sie dabei aufhalten wird, eine Gewohnheit zu ändern. Jeder Stein lässt sich jedoch beiseiteschieben, wenn Sie das nötige Werkzeug dafür haben. Drei der gängigsten Hürden werde ich Ihnen im Folgenden verdeutlichen, sodass Sie sie erkennen und dann umgehen oder ganz beseitigen können.

1. Der Druck von außen

Es gilt, diesem Hindernis aus dem Weg zu gehen, denn ganz beseitigen können Sie es leider nicht. Wollen Sie die Gewohnheit ändern, zu viel Zucker zu essen, begegnen Sie spätestens auf Geburtstagen der leckeren Torte. Möchten Sie auf Fleisch verzichten, wird es nicht unbedingt leichter, wenn der Partner oder die Partnerin überzeugter Fleischliebhaber ist. Entweder müssen Sie da Kompromisse finden oder dem Ganzen aus dem Weg gehen.

2. Zu planen, aber nicht zu starten

Dieses Hindernis können Sie beseitigen, wenn Sie anfangen, die ersten Schritte einer neuen Gewohnheit entgegen zu gehen. Wer kennt es nicht? Es wird geplant, organisiert, alles schriftlich festgehalten und das war es dann auch schon. Kaum kommen einem die Gelegenheiten entgegen, die eine alte Gewohnheit auslösen, ist die ganze Planung längst vergessen. Sie müssen anfangen, um eine Veränderung herbeiführen zu können.

3. Die ständigen negativen Gedanken

Ein Grund dafür, warum Sie ihren Plan nicht in die Tat umgesetzt haben, können Ihre negativen Gedanken sein. Meist können Sie nichts dafür, denn diese sind Produkte aus schlechten Erfahrungen, die Sie im Leben gemacht haben. Menschen, die beispielsweise öfter eine Diät begonnen haben, aber frühzeitig aufgaben, denken mittlerweile vielleicht, niemals abnehmen zu können. Die negative Stimme in Ihrem Kopf kann demnach auch mit dem berüchtigten „inneren Schweinehund" gleichgesetzt werden.

Dabei handelt es sich bei negativen Gedanken doch nur um schlechte Gewohnheiten, die verändert werden können! Meist hilft es fürs Erste, die Stimme mit einem „Sei ruhig!" zum Schweigen zu bringen.

Haben Sie diese drei Stolpersteine nun ausfindig gemacht, geht es im nächsten Kapitel darum, wie Sie effektiv gegen Gewohnheiten, die Sie loswerden wollen, vorgehen sollten.

So ändern Sie Gewohnheiten!

Haben Sie schon oft gehört, dass es unmöglich sei, eine Gewohnheit zu verändern? Haben Sie selbst einiges ausprobiert und kommen dennoch nicht weiter?

Lassen Sie sich gesagt sein: Es ist möglich eine Angewohnheit zu verändern!

Mit den folgenden Tipps und Schritten werden Sie positive Resultate erzielen, wenn Sie dranbleiben. In diesem Kapitel werden die Gefühls-, Denk- und Verhaltensgewohnheiten angegangen. Mit jeweils darauf spezialisierten Methoden lassen diese sich verändern.

GEFÜHLSGEWOHNHEITEN

„Das 5 Minuten Journal"

Mit dem sogenannten „5 Minuten Journal" werden Sie Ihre Gefühlsgewohnheiten ändern, denn es gehört zu den besten Erfolgsgewohnheiten schlechthin. Gleichzeitig macht es Spaß und ist nicht so zeitintensiv.

Mit dieser Methode werden Sie auf Dauer glücklicher und zufriedener in Ihrem Leben sein. Ich bin überzeugt davon, dass Ihnen die 5 Minuten Aufwand es auf jeden Fall wert sind, um Ihre nervigen Gewohnheiten endlich zu ändern.

Was ist ein „5 Minuten Journal"?
Psychologen aus der „Positiven Psychologie" haben verschiedene Techniken zusammengestellt, die sich hervorragend in einem „5 Minuten Journal" zusammentragen lassen. Diese sind wissenschaftlich erprobt worden und garantieren Ihren Erfolg!

Um mit der Methode beginnen zu können, wird ein Notizbuch sowie ein Stift gebraucht. Morgens und abends sollten verschiedene Fragen beantwortet werden. Morgens sind es drei Fragen und abends zwei. Für jede von ihnen wird jeweils eine Minute benötigt.

Natürlich kann es mal passieren, dass es sich um mehr oder weniger als insgesamt 5 Minuten handelt, aber ich denke, das ist es Ihnen wert.

Um welche Fragen handelt es sich genau?
Es sind eher Anleitungen, die Sie dazu veranlassen, über gewisse Dinge intensiv und bewusst nachzudenken. Das Besondere dabei ist, dass diese Anleitungen Sie glücklicher stimmen werden. Das garantiere ich Ihnen!

• *Frage 1: Für welche drei Dinge sind Sie heute dankbar?*
Es wurde nachgewiesen, dass Dankbarkeit glücklich macht. Der Grad an Dankbarkeit spielt dabei keine Rolle. Selbst die kleinste Wertschätzung gegenüber etwas in Ihrem Leben, macht Sie mit der Zeit zufriedener. Wichtig ist dabei die Regelmäßigkeit.

In Stichworten tragen Sie von nun an jeden Tag drei Dinge ein, für die Sie am betreffenden Tag dankbar sind. Das kann alles Mögliche sein. Ich empfehle Ihnen hinter jedem Punkt einen Grund auszuformulieren. Beispielsweise: „Ich bin dankbar, dass ich es geschafft habe 3 Liter Wasser am Tag zu trinken, weil meine Haut sich viel weicher anfühlt." Das macht das Ganze noch wirksamer.

• *Frage 2: Welche drei Dinge würden den heutigen Tag wundervoll machen?*

Hierbei kann es sich ruhig um Dinge handeln, die sehr banal erscheinen. Denken Sie darüber nach: Was wäre richtig toll, wenn es heute passieren würde? Wäre ein ruhiger Tag auf der Arbeit angenehm? Gefällt Ihnen die Vorstellung, Sie würden ihrem Traummann oder Ihrer Traumfrau begegnen? Egal, was es ist, schreiben Sie es auf!

• *Frage 3: Welcher Satz wäre heute der richtige für Sie?*

Haben Sie schon einmal etwas von einer Affirmation gehört? Es handelt sich um einen selbstbejahenden, positiven Glaubenssatz, den Sie über Ihr Leben aussprechen sollten. „Ich bin liebenswert" ist so einer davon. Mit der ständigen Wiederholung des jeweiligen Satzes programmiert sich Ihr Unterbewusstsein mit der Zeit um und glaubt Ihnen das, was Sie sagen. Leider nimmt dies sehr viel Zeit in Anspruch, denn wenn Sie sich im Spiegel betrachten und als dick empfinden, wird Ihr Verstand Ihnen auch nicht wirklich etwas anderes glauben.

Statt eine Affirmation auszusprechen, entscheiden Sie sich lieber für eine Afformation. Das sind Fragen, die Sie Ihrem Verstand stellen. Dieser wird darauf eine Antwort finden wollen und sich mit der Frage beschäftigen, ohne einen innerlichen Widerstand zu erzeugen. Machen Sie aus „Ich bin liebenswert" ein „Bin ich liebenswert?" oder „Was kann ich heute tun, um mich liebenswert zu fühlen?".

Diese drei Fragen sollten Sie sich morgens nach dem Aufstehen fragen und in ihr Journal schreiben. Die nächsten drei nehmen Sie für abends vor.

• *Frage 1: Wie lauten die drei positiven Erlebnisse an diesem Tag?*

Suchen Sie sich alles raus, was für Sie gut gelaufen ist. Sei es das sonnige Wetter, ein ausgiebiger Spaziergang, die Menschen, die Sie trafen oder ein Lob des Chefs. Somit setzen Sie Ihren Fokus am Ende des Tages auf die Dinge in Ihrem Leben, die gut waren. Bei ständiger Wiederholung Tag für Tag wird Sie dies garantiert zufriedener ins Bett gehen lassen.

• *Frage 2: Welche zwei Dinge hätten Sie heute noch besser machen können?*

Bei dieser Frage geht es nicht darum sich runterzu-
ziehen, sondern Erfahrungen zu sammeln und es immer besser als vorher zu machen. Passen Sie aber
auf, dass Sie nicht an negative Ereignisse denken,
sondern stattdessen an das denken, was gut lief,
aber beim nächsten Mal noch besser laufen kann!

• *Frage 3: Welche drei Aufgaben möchten Sie morgen
noch unbedingt erledigt haben?*
Diese Frage ist ein Zusatz, welcher fünf Minuten
auch übersteigen kann. Wollen Sie diese trotzdem
beantworten, werden Sie es auch nicht bereuen.
Was sind die drei wichtigsten Aufgaben, die Sie am
Tag erledigen wollen? Mit der Beschäftigung mit dieser Frage beginnt Ihr Unterbewusstsein bereits damit, diese anzugehen, und Sie werden am nächsten
Tag viel besser mit den Aufgaben zurechtkommen.

Diese 2 Gewohnheiten machen Sie vollkommen glücklich

Meistens sind es die einfachsten alltäglichen Dinge,
die einen wirklich auf Dauer glücklich machen. Ich
kann mir denken, dass Sie jetzt zwei außergewöhn-
liche und vor allem neue Gewohnheiten von mir er-
warten, doch ich muss Sie enttäuschen. Die beiden,
die ich Ihnen nun vorstelle, kennen Sie bereits.

Stehen Sie früh auf und **frühstücken Sie gut.**

Ich erkläre Ihnen, wieso diese zwei selbstverständlichen Gewohnheiten so effektiv sind.

Stehen Sie früh auf

Lassen Sie es zur Gewohnheit werden, früher als sonst aufzustehen. Das gilt natürlich nur, wenn Sie nicht schon vor 5 Uhr auf den Beinen sein müssen. Ansonsten reichen für den Anfang schon 10 Minuten eher. Selbst wenn Sie einer derer sind, die sich nicht als Morgenmenschen bezeichnen, wagen Sie den Versuch trotzdem.

Was gewinnen Sie aus dieser Gewohnheit? Mehr Zeit. Diese ist unglaublich wertvoll, wenn Sie darüber nachdenken was Sie damit alles anstellen können. Sie sollten jene natürlich sinnvoll nutzen. Gehen wir gemeinsam einen Beispielmorgen durch.

Stehen Sie eigentlich gegen 7 Uhr auf, nehmen Sie sich stattdessen 6 Uhr vor. Beachten Sie dabei, zuerst eine Woche lang um 6:50 Uhr aufzustehen, um sich nach und nach auf 6 Uhr zu steigern.

Was wollen Sie mit der Zeit anfangen? Sie müssen einen guten Grund finden, denn sonst fehlt die nötige Motivation, um wirklich früh aufzustehen. Probieren Sie es eine Woche lang aus.

Frühstücken Sie gut

Viele Menschen frühstücken morgens nicht. Entweder sie kaufen sich etwas auf dem Weg zur Arbeit oder Sie essen erst etwas in der Mittagspause. Meistens sind diese Nahrungsmittel ungesund, wie ein Schokoriegel zwischendurch, fettige Croissants oder belegte Brötchen.

Gehören Sie auch zu diesen Menschen? Ich rate Ihnen, die neugewonnene Zeit zu nutzen, um ausgiebig und in Ruhe zu frühstücken. Wichtig ist, dass dieses aus gesunden Lebensmitteln besteht, damit Sie mit der nötigen Energie in den Tag starten können.

Es gehört nicht zu meinem Erfahrungsbereich, eine Liste mit gesunden und ungesunden Nahrungsmitteln zu erstellen, aber ich denke, wir können uns darauf einigen, dass zuckerhaltige sowie fetthaltige Lebensmittel nicht zur gesunden Ernährung gehören. Achten Sie darauf, die folgenden Varianten in Ihr Frühstück einzubauen:

• **Vollkornbrot**

Kohlenhydrate können gesund sein und sind wichtig für ausreichende Energie. Allerdings sollte es sich um Vollkornprodukte handeln.

- **Käse und Schinken**

Beides besteht aus viel Eiweiß, welches der Körper genauso essentiell braucht wie gute Kohlenhydrate. Dennoch ist bei Käse das Maß entscheidend, denn er enthält gleichzeitig viel Fett. Schinken statt Wurst zu essen ist ebenfalls die bessere Alternative, wenn es um den Fettgehalt geht. Dieser sollte beim Frühstück so gut es geht niedrig gehalten werden.

- **Gesunde Aufstriche**

Unter einem gesunden Aufstrich versteht man jene, die auf Quark basieren, denn sie sind sehr eiweißreich. Sollten Sie die vegane Variante bevorzugen, empfehle ich Ihnen Aufstriche, die auf Bohnen, Soja oder Kichererbsen gegründet sind.

- **Gesundes Müsli**

Es sollte sich dabei um eines ohne zusätzlichen Zucker handeln. Das Müsli, welches mit Trockenfrüchten angereichert ist, schmeckt ebenso süß und ist vor allem gesund. Natürlich kann ein solches Frühstück auch mit Obst, Kardamom oder Zimt verfeinert werden.

- **Das „moderne" Porridge**

Jeder hat schon einmal davon gehört und mindestens einmal davon gegessen. Beim Porridge handelt es sich um gekochte Haferflocken, die mit frischem Obst verfeinert werden. Man kann es mit dem herkömmlichen Müsli gleichsetzen. Es ist in der Zubereitung aufwendiger, da Porridge frisch am besten schmeckt.

• **Der Schwarztee**

Wenn Sie keinen Kaffee morgens trinken, eignet sich als Alternative ebenso gut schwarzen Tee. Dieser lässt sich einfacher zubereiten und schmeckt auch sehr gut. Gleichzeitig besteht Schwarztee wie Kaffee aus Koffein. Wie Sie Tee zubereiten, muss ich Ihnen wohl nicht erklären. Wichtig ist jedoch, dass der Teebeutel nach drei Minuten wieder entfernt wird, da der Tee sonst nicht besonders lecker schmeckt. Sollten Sie das einmal vergessen haben, können Sie den Tee mit Milch und Zucker genießbarer machen. Als Alternative eignen sich für ein gelungenes, gesundes Frühstück auch Kräutertees.

Mit diesen praktischen Tipps können Sie jede Gefühlsgewohnheit verändern und sie zu einer Angewohnheit werden lassen, die Ihnen guttut und die Sie glücklich macht.

DENKGEWOHNHEITEN

Mit diesen 4 Schritten ändern Sie ihre Gewohnheiten

Carol Dwecks behandelt in ihrem Buch „Mindset" einige Anleitungen, wie sich das Denken verändern lässt. Die Psychologin unterscheidet zwischen einer wachsenden und einer festen Denkweise, die jeder Mensch besitzt. Diejenigen, die jegliche Veränderung im Leben ablehnen, sie nicht angehen wollen oder sich bei der Umsetzung besonders schwer tun, haben eine feste oder festgefahrene Denkweise.

Sind Sie ebenfalls jemand, der unter einer solchen Denkweise leidet? Kein Grund zur Sorge, denn mit den folgenden 4 Schritten können Sie das ändern!

Schritt 1: Lassen Sie nicht zu, dass Sie irgendetwas entmutigt!

Menschen, die eine feste Denkweise besitzen, nehmen Hindernisse im Leben als Grund dafür, aufzugeben. Diese müssen aber überwunden werden. Ja, dafür brauchen Sie Disziplin und vor allem Mut. Wenn Sie nie etwas ausprobieren werden Sie es früher oder später bereuen.

In Bezug auf eine Denkgewohnheit müssen Hindernisse als Chance gesehen werden, einen bestimmten

Gedanken zu verändern. Das sollte für Sie Motivation genug sein!

Schritt 2: Haben Sie keine Angst davor, zu scheitern
Im Leben müssen Niederlagen stattfinden, damit man daraus lernen kann. Nur, wer bereit ist, etwas zu lernen, wird auch sein Denken ändern können. Tun Sie jedoch immer nur dasselbe, wird sich ein Stillstand einstellen, der alles beim Alten lässt.

Riskieren Sie etwas, Sie werden es nicht bereuen!

Schritt 3: Seien Sie nicht abhängig von der Meinung anderer,
Der größte Fehler, den Sie machen können, ist es, auf andere mehr zu hören als auf sich selbst. Möchten Sie von jedermann gemocht werden, werden Sie sich nicht trauen, etwas zu verändern. Es könnte ja sein, dass man Sie dann nicht mehr so gern mag. Aber soll ich Ihnen die Wahrheit sagen? Gerade, wenn Sie sich verändern und Schritte wagen, wird man Sie dafür erst recht mögen. Vielleicht inspirieren Sie den ein oder anderen damit, oder Sie merken, wie Ihnen die Änderung gut tut – das werden auch andere bemerken.

Schritt 4: Aber schauen Sie nicht nur auf sich
Es kann hilfreich sein, Veränderungen mit

jemandem gemeinsam anzugehen, denn vielleicht haben Sie in Ihrem Umfeld Menschen, die mit ähnlichen Gewohnheiten zu kämpfen haben und die es geschafft haben, diese zu ändern. Gleichzeitig können Sie von den Erfahrungen und Vorgehensweisen mancher Menschen etwas lernen und für sich mitnehmen. Seien Sie gewillt, von anderen zu lernen und auch andere Denkweisen auszuprobieren.

Mit diesen vier Schritten schaffen Sie es, Ihr Denken umzustellen. Bauen Sie diese Tipps in Ihren Alltag mit ein und Sie werden sehen, wie es zu einem Automatismus wird, der Ihre Denkgewohnheiten verändert.

VERHALTENSGEWOHNHEITEN

Die 72-Stunden Regel

Mit dieser Methode garantiere ich Ihnen, dass Sie viele Verhaltensgewohnheiten geändert bekommen. Generell gehört die 72-Stunden-Regel zu den Erfolgsgewohnheiten und verspricht somit in vielen Bereichen eine gelingende Veränderung schlechter Angewohnheiten.

Was genau ist denn die 72-Stunden-Regel? Sie besagt, dass Sie innerhalb von 72 Stunden eine neue

Idee in die Tat umsetzen müssen – oder zumindest den ersten Schritt wagen, um diese erfolgreich als neue Gewohnheit zu etablieren oder eine alte zu ändern. Nach dieser Stundenzahl sinkt die Wahrscheinlichkeit auf einen Erfolg auf unter ein Prozent.

Selbst wenn ich nicht auf eine Hintergrundstudie verweisen kann, kennen auch Sie bestimmt Situationen, in denen Sie unbewusst die 72-Stunden-Regel außer Acht gelassen haben. Ist es Ihnen schon einmal passiert, dass Sie eine sehr gute Idee hatten und Sie diese voller Tatendrang sofort in die Tat umsetzen wollten, weil die Motivation noch so frisch war? Dann ist Ihnen bestimmt auch mal das Gegenteil passiert, eine Situation, in der Sie einen guten Gedanken nicht länger verfolgt haben und als Sie dann Tage später wieder daran zurückdachten, war die Idee doch nichts mehr wert.

Wenn Sie die 72-Stunden-Regel direkt nach Ihrem Einfall umsetzen wollen, brauchen Sie keine Selbstdisziplin, um motiviert anzufangen. Genau das ist der Punkt: Anzufangen bedeutet nicht, es direkt ganz zu erledigen. Beginnen Sie einfach nur damit, Gewohnheiten zu verändern oder umzusetzen. Das ist der erste Schritt.

Was können Sie jedoch tun, wenn Sie etwas umsetzen wollen, aber keine Zeit dazu haben?

1. Schreiben Sie die Idee auf

2. Nehmen Sie sich 5 bis 10 Minuten die Zeit, um intensiv darüber nachzudenken

3. Fassen Sie die Idee in kurzen Punkten zusammen und beschreiben Sie die ersten beiden Schritte, die Sie gehen können.

4. Schlafen Sie eine Nacht drüber

5. Gefällt Ihnen die Idee am nächsten Tag genauso gut wie am Vortag, gehen Sie die ersten beiden Schritte durch.

Lästige Zeitfresser mit diesen 5 neuen Gewohnheiten vermeiden

Leiden Sie auch unter den sogenannten Zeitfressern, die Sie nicht produktiv arbeiten lassen? Diese halten einen nicht nur von Dingen ab, die getan werden müssen, sondern stehlen einem auch die Zeit, die stattdessen anderweitig genutzt werden kann.

Besonders heutzutage sind überall Ablenkungen zu finden. Auf Platz eins der besten Zeitdiebe befinden sich das Smartphone und das Internet.
Damit ist jetzt Schluss! Mit den folgenden Methoden haben Ablenkungen keine Chance mehr. Wählen Sie die Technik aus, die sich für Sie am besten bewährt hat, und machen Sie sie zu Ihrer Gewohnheit. Mit nur einer Methode kann ihr Leben wieder produktiver werden.

Stellen Sie erst einmal fest, dass jede Ablenkung, der Sie nachgeben, Ihnen mehr und mehr von Ihrer Kraft raubt, können Sie vielleicht mit der Zeit ganz widerstehen, weil irgendwann keine Kraft mehr da ist, um nicht in Versuchung zu geraten. Seien Sie sich im Klaren darüber, dass es unmöglich ist, sich danach wieder zu 100 % auf die Arbeit zu konzentrieren. Zehn Minuten brauchen Sie mindestens, um sich wieder auf Ihre eigentliche Aufgabe einzulassen. Ist das die Ablenkung wert? Machen Sie sich bewusst, was Sie in dieser Zeit alles hätten schaffen können.

Viele Menschen denken auch, wenn sie alles auf einmal erledigen, kämen sie schneller und besser voran, aber wussten Sie, dass Multitasking ebenfalls zu den Zeitfressern gehört? Natürlich ist es nachgewiesen, dass das Gehirn mehrere Dinge gleichzeitig machen kann, aber eben nur bei Prozessen, die bereits automatisiert wurden. Hiermit sind Prozesse gemeint wie beim Schreiben denken zu können und gleichzeitig zu tippen, oder beim Autofahren nebenbei Musik zu hören. Mit diesen Methoden bekommen Sie jeden Zeitfresser in den Griff.

Methode 1: Nehmen Sie sich frei!
Und zwar von Benachrichtigungen, die jeden Tag auf Ihrem Handy oder dem Computer eintrudeln. Schalten Sie Alarme und Popups aus. Dies geht einfach über die Einstellungen der entsprechenden Apps. Es gibt auch Menschen, die auf Nummer sicher gehen wollen und das Handy ganz auf „stumm" stellen.

Statt sich dauernd ablenken zu lassen, sollten Sie sich zwei oder drei Mal am Tag die Zeit, nehmen alle Apps, die Sie auf stumm gestellt haben, durchzugehen. Mit diesem Trick sparen Sie sehr viel an Zeit.

Methode 2: Der Trick mit der To-Do-Liste
Benutzen Sie eine To-Do-Liste? Falls nicht, sollten Sie damit anfangen. Sie kann zur guten Gewohnheit werden, die eine zeitfressende Angewohnheit ersetzt. Ihre Aufgabe am Abend sollte nun sein, die drei wichtigsten Aufgaben niederzuschreiben, die von da

an eine Priorität sind. Sobald dies der Fall ist, fängt das Gehirn nämlich an, sich, komme was wolle, mit diesen drei Punkten zu beschäftigen, da Ihr Unterbewusstsein schon während des Schlafens daran arbeitet.

Methode 3: Blockieren Sie ablenkende Internetseiten

Dieser Zeitfresser gehört zu jenen, die die meiste Aufmerksamkeit beanspruchen, denn damit bekommen Sie umsonst eine Belohnung. Für eine kurze Zeit haben Sie vielleicht Spaß, doch produktiv werden Sie damit sicher nicht sein. Um diese Gewohnheit loszuwerden, sollten Sie diverse Internetseiten blockieren. Jeder Browser bietet diese Möglichkeit an.

Welche Seiten im Internet lenken Sie am meisten ab? Sind es Facebook, Instagram und Co. oder eher die Nachrichten?

Achten Sie vor allem darauf, sich nicht selbst zu betrügen und auf anderen Wegen auf diese Seiten zuzugreifen. Das bringt Sie keineswegs weiter, wenn es darum geht diese lästige Gewohnheit abzulegen.

Methode 4: Pomodoro Technik

Ihren Namen hat diese Methode von einem Küchenwecker, der einer Tomate gleicht. Dieser wird auf 25

Minuten gestellt. Die Zeit sollten Sie nutzen, um eine ganze Aufgabe zu erledigen. Lassen Sie sich währenddessen aber ablenken, muss der Wecker wieder auf ganze 25 Minuten zurückgestellt werden. Danach folgt eine Pause von 5-10 Minuten, um daraufhin eine neue 25- minütige Runde zu starten. Sollten Sie nach der zweiten Einheit noch konzentriert genug sein, folgt eine dritte. Im Anschluss dient eine größere Pause als Belohnung.

Für diese Technik kann entweder ein einfacher Wecker oder eine App verwendet werden. Irgendwann wird es in eine Gewohnheit übergehen, sodass Sie keinen Wecker mehr benötigen, sondern automatisch immer nach 25 Minuten eine kurze Pause einlegen, um danach neu konzentriert weiterarbeiten zu können.

Methode 5: Gehen Sie achtsam mit Sozialen Medien um

Soziale Medien gelten als größte Zeitfresser. Die meisten sind sogar speziell darauf programmiert worden, wie Facebook zum Beispiel. Es besitzt nämlich einen Algorithmus für die sogenannte Timeline, damit Ihnen stets für Sie interessante Beiträge angezeigt werden, die Sie vom Arbeiten abhalten. Je mehr

Sie sich mit Sozialen Medien beschäftigen, desto eher profitieren Facebook und Co. durch bezahlte Beiträge sowie geschaltete Werbung.

Heutzutage kommen die meisten Menschen jedoch nicht um die Sozialen Medien herum, weil diese Teil des Arbeitslebens geworden sind. Mit einem kleinen Trick schaffen Sie es jedoch, daraus keinen Zeitfresser zu machen. Bevor Sie die App öffnen, müssen Sie sich bewusst machen, was genau Sie tun wollen. Öffnen Sie anschließend die App, erledigen das was erledigt werden soll und schließen Sie diese wieder. Fertig.

Wichtig ist es, achtsam zu bleiben und sich nicht von Werbungen und anderem ablenken zu lassen.

Warum Selbstdisziplin für neue Gewohnheiten unerlässlich ist

S elbstdisziplin ist zwar nicht ausschlaggebend, um eine Gewohnheit zu verändern, doch sie ist dennoch wichtig. Zuerst wird sie benötigt, um sich an eine neue Angewohnheit gewöhnen zu können. Wie Sie bereits festgestellt haben, braucht dies nämlich Wiederholung und Zeit.

Leider muss ich Ihnen ebenso gestehen, dass die Disziplin immer den Kürzeren gegenüber der alten Gewohnheit ziehen wird, weil Sie wie jeder andere Mensch auch, ein faules Gehirn besitzen. Mittlerweile wissen Sie ja selbst, dass es nicht unbedingt unnötig viel Energie verschwenden möchte und sich eher an Gewohnheiten klammert, die automatisch ablaufen. Selbstdisziplin ist jedoch anstrengend und erfordert Energie, weswegen es meist nur beim Versuch bleibt, eine Gewohnheit anzugehen. Im Folgenden erläutere ich Ihnen einige schlechte Neuigkeiten über Selbstdisziplin, aber gleich darauf die guten.

Am meisten Selbstdisziplin haben Sie am frühen Morgen. Dies hält nur für eine kurze Zeit an, um im Laufe des Tages abzuflachen. Bei Entscheidungen und Kompromissen wird mehr Willenskraft verbraucht. Selbst Dinge, die Ihnen guttun, benötigen ein wenig Disziplin.

Sie kennen das bestimmt: Sie kommen von der Arbeit nach Hause und haben keine Lust mehr, noch großartig aufzuräumen oder einen Spaziergang zu machen. Das ist ganz normal und damit hat jeder zu kämpfen. Motivation ist kurzzeitig ein Energielieferant, der Ihnen dabei hilft, eine Gewohnheit zu verändern, doch leider muss ich Ihnen sagen: Nach drei Tagen ist diese zumeist spurlos verschwunden und Sie müssen sich nun auf Ihre Selbstdisziplin verlassen.

Jetzt kommt die gute Nachricht, denn alles, was Sie nun brauchen, ist Geduld. Ab dem dritten Tag verlässt Sie die Motivation, doch dafür steigt Ihre Disziplin und das Ganze hält drei Wochen lang. Nach dieser Zeit ist das höchste Level an Selbstdisziplin erreicht, es sinkt von da an stetig. Das ist aber nicht weiter tragisch, denn nun haben Sie Ihre Gewohnheit relativ gut festigen können und brauchen nicht mehr viel von Ihrer Disziplin. Natürlich dürfen Sie jetzt nicht einfach aufhören, aber Sie brauchen nicht mehr so viel Energie aufzuwenden.

Vielleicht behaupten Sie von sich aus, nicht wirklich genug Selbstdisziplin zu besitzen? Das ist kein Problem, denn mit den folgenden 8 Tipps, die ich Ihnen im nächsten Abschnitt vorstellen werde, erhalten Sie diese!

MIT DIESEN 8 TIPPS ZU MEHR SELBSTDISZIPLIN

Tipp 1: Trainieren Sie Ihre Disziplin

Ja, Selbstdisziplin können Sie wie einen Muskel trainieren. Mit jeder „Sporteinheit" wird er wachsen und wachsen. In dem Fall geht es bei diesen „sportlichen" Aktivitäten allerdings um einfache und kleine Aufgaben. Nehmen Sie sich welche vor, die Ihnen leicht fallen. Entscheidend ist dabei die Regelmäßigkeit – eben genau wie beim Muskelaufbau.

Tipp 2: Finden Sie einen Grund, der es wert ist

Gewohnheiten brauchen gute Gründe. Besonders bei schwierigen Aufgaben reicht es nicht, zu sagen: „Ich mag das eben". Suchen Sie nach dem „Warum". Fragen Sie so lange, bis Sie wirklich eine Antwort gefunden haben, denn dann ist der Grund stark genug, um selbstdiszipliniert zu sein.

Tipp 3: Gute Ernährung füllt die Energie wieder auf

Disziplin erfordert wie gesagt Energie. Das Gehirn nimmt nur 5 % des menschlichen Gewichts ein, verbraucht jedoch 20 % der gesamten Energie. Um Ihr Hirn zu unterstützen, sollten Sie sich ballaststoffreich ernähren und auf komplexe Kohlenhydrate wie Vollkornprodukte setzen. Somit hat der Körper lange etwas von seiner Energie, die er dann auch für die Selbstdisziplin verbrauchen kann.

Tipp 4: Eins nach dem anderen
Weiter oben habe ich ja bereits über die Tücken von Multitasking gesprochen, denn damit wird Ihre Willenskraft definitiv nicht zurechtkommen. Nehmen Sie sich nämlich mehrere Gewohnheiten auf einmal vor, haben Sie schon recht schnell keine Disziplin mehr zur Verfügung. Die alten Gewohnheiten, die Sie doch ändern wollten, gewinnen dann den Kampf.

Tipp 5: Keine Widersprüche
Achten Sie darauf, dass sich zwei Gewohnheiten, die Sie verändern wollen, nicht widersprechen. Sonst behindert die eine Angewohnheit die andere und beide bleiben bestehen. Deswegen ist es wichtig, sich vorerst gut mit seinen Gewohnheiten auseinanderzusetzen und sie kennenzulernen.

Tipp 6: Bereiten Sie sich vor
Da Ihre Selbstdisziplin für den Anfang noch nicht ganz ausgereift sein mag, sollten Sie mehr darauf achten, Versuchungen zu umgehen. Mit einem guten Plan und Organisation schaffen Sie es, nicht der alten

Gewohnheit nachzugeben.

Wie Sie vier von diesen sogenannten Stolpersteinen beseitigen können, habe ich Ihnen weiter vorn im Buch bereits gezeigt. Dies dient als gute Vorbereitung, um Platz für neue Gewohnheiten zu schaffen und für den Anfang weniger an Selbstdisziplin aufwenden zu müssen.

Tipp 7: Genießen Sie Ihre neugewonnene Gewohnheit

Das Gehirn ist dafür bekannt, eher etwas zu einem automatischen Prozess werden zu lassen, wenn es dafür belohnt wird. Deswegen ist es wichtig, dass Sie sich gut fühlen, wenn Sie eine alte Gewohnheit durch eine neue ersetzen wollen. Aber mal ehrlich: Wollen Sie sich wirklich etwas angewöhnen was Ihnen nicht guttut? Sollte das der Fall sein, kann ich Ihnen sagen, dass Ihre Selbstdisziplin nicht länger als eine Woche anhalten wird.

Tipp 8: Quälen Sie sich nicht

Der letzte Tipp zu mehr Selbstdisziplin knüpft an den vorherigen an. Wenn Sie merken, dass es müßig wird und Sie sich mehr quälen als freuen, heißt es kurz inne zu halten. Warum schaffen Menschen es nicht dauerhaft, eine Diät durchzuhalten? Weil sie nicht glücklich damit sind.

Ich garantiere Ihnen: Sollte es Sie unglücklich machen, eine Gewohnheit zu verändern, lassen Sie es lieber fürs Erste sein.

Mit diesen 10 erfolgreichen Strategien zu mehr Durchhaltevermögen gelangen

All die Tipps, die ich Ihnen bis jetzt gegeben habe, werden nicht den gewünschten Erfolg mit sich bringen, wenn Sie nicht dranbleiben. Denn das Aufgeben ist der Grund dafür, warum

Gewohnheiten nicht verändert werden können. Nicht, weil es unmöglich ist, sondern weil Sie nicht dranbleiben. Deshalb gebe ich Ihnen im letzten Kapitel zehn Strategien mit auf den Weg, mit denen Sie es schaffen erfolgreich dranzubleiben, um jede Gewohnheit zu ändern.

Punkt 1: Ihre Ziele müssen Sie motivieren

Streben Sie Ihre eigenen Ziele an oder die der anderen? Das ist eine wichtige Frage, die Sie beantworten müssen, um die Motivation dahinter finden zu können. Die Ziele, die Ihnen am Herzen liegen, schenken Ihnen gleichzeitig die nötige Motivation, um dranzubleiben. Handelt es sich dabei jedoch nicht um die eigenen Wünsche – wieso sollte dann weitergemacht werden?

Die Gewohnheiten, die zu Ihren Vorhaben passen, werden Sie dabei unterstützen, diese auch zu erreichen. Mit den richtigen Angewohnheiten kann das eigene Ziel gefunden werden.

Punkt 2: Was bringt es für einen Nutzen mit sich?

Folgende drei Tipps helfen Ihnen dabei, an Ihrem Ziel, eine Gewohnheit zu verändern, dranzubleiben. Damit bleibt die Motivation erhalten, die Sie dringend für die Änderung solcher benötigen.

• Verfassen Sie eine Liste mit den Vorteilen, die Sie gewinnen werden, wenn Sie die Gewohnheit verändern

• Diese Liste sollte sich immer in Ihrer Nähe befinden. Sie können sie alternativ auch auswendig lernen, als Notiz ins Handy schreiben oder im Portmonee bei sich tragen.

• Haben Sie das Gefühl, aufgeben zu wollen, holen Sie die Liste heraus und lesen sie durch, um sich daran zu erinnern, warum Sie eine Gewohnheit ändern wollen.

Punkt 3: Bereiten Sie sich auf die neu gewonnene Gewohnheit vor

Die meisten Menschen scheitern daran, ihre Gewohnheiten zu ändern, weil sie nicht genug vorbereitet waren. Bevor Sie damit beginnen, etwas ändern zu wollen, schreiben Sie folgendes für sich auf:

Was wollen Sie mit der neuen Gewohnheit erreichen?

Wie wollen Sie die Veränderung angehen?

Welche Probleme könnten auftreten?

Wie gehen Sie mit diesen dann um?

Besonders schwierige Gewohnheiten sollten genauestens unter die Lupe genommen werden. Nur so können Sie sie erfolgreich transformieren.

Punkt 4: Beginnen Sie klein

Schnell ist man mit der Transformation überfordert, weil die Ziele zu hoch gesetzt wurden. Nehmen Sie sich für den Anfang zu viel vor, werden Sie eher scheitern. Beginnen Sie mit kleinen Schritten, die Sie definitiv ans Ziel führen werden. Mit einer kleinen und leichten Gewohnheit lässt sich eher für die eigentlich größeren üben. Somit sammeln Sie die Erfahrung, die nötig ist, um schwere Angewohnheiten zu ändern. Mit jedem noch so kleinen Erfolg gehen Sie weiter und weiter, bis Sie ihr Ziel erreicht haben.

Punkt 5: Lassen Sie sich nicht in Versuchung bringen!

Die Stolpersteine, die Ihnen im Weg stehen, sind dazu da, beiseitegeschoben zu werden. Es bringt Sie nicht im Geringsten weiter, wenn Sie noch mehr Steine dazulegen. Umgehen Sie Versuchungen, die Sie dazu veranlassen sich weiterhin so zu verhalten wie die Gewohnheit, die Sie doch eigentlich verändern wollen.

Wollen Sie weniger Zucker zu sich nehmen, dann kaufen Sie erst recht keine Süßigkeiten. Möchten Sie sich das Rauchen abgewöhnen, so meiden Sie eine Zeit lang Gelegenheiten wie den Besuch in der Diskothek oder das Treffen mit Freunden, die gerne rauchen. Machen Sie es sich nicht schwerer als es ist.

Sogar Kleinigkeiten, wie das Handy in einen anderen Raum zu verfrachten, um produktiver arbeiten zu können, sind erste Schritte in die richtige Richtung.

Punkt 6: Legen Sie Routinen fest und bessern diese immer mehr aus

Gewohnheiten entstehen durch Routinen, das wissen Sie ja bereits. Mithilfe der ständigen Wiederholung festigt sich eine Gewohnheit und wird von da an zu einem Kinderspiel für Sie. Schreiben Sie dafür eine Checkliste mit den Punkten auf, die für Sie zur Gewohnheit werden sollen. Nach fünf bis sieben Wiederholungen werden Sie feststellen, dass es Ihnen leichter fällt und es zu einer neuen Gewohnheit geworden ist. Es kann sein, dass Sie den einen oder anderen Punkt mal schlecht oder mal besser angehen, doch das ist kein Hindernis, sondern eine Chance, um dranzubleiben.

Punkt 7: Planen Sie für Routinen feste Zeiten ein

Eine Routine muss jeden Tag durchgeführt werden, damit sie sich manifestieren kann und automatisch abläuft, ohne große Anstrengung. Feste Zeitpunkte dafür sind ideal, denn sie machen die Wiederholung zu einer Priorität. Versuchen Sie, stets zu dieser festgelegten Zeit die Routine zu starten. Fällt Ihnen das anfangs schwer, können Sie mit einer Wiederholung starten, nachdem Sie etwas getan haben, das sowieso jeden Tag fällig ist, beispielsweise das morgendliche Zähneputzen.

Die zu veränderte Gewohnheit zu einer Morgen- oder Abendroutine zu machen erleichtert den Prozess. Finden Sie einfach einen fixen Auslöser, der die Routine starten lässt. Zum Beispiel ist das Beenden des Abendbrotes meist der Punkt für die Zeit im Bad, um sich fürs Bett fertig zu machen. Seien Sie ruhig erfinderisch, dann macht es auch mehr Spaß! Gleichzeitig ist eine Erinnerung in Form eines Alarmes auf dem Handy für den Anfang sehr hilfreich. Eine Notiz am Kühlschrank oder am Spiegel tut es allerdings ebenso.

Punkt 8: Machen Sie eine Abstreichliste

Listen haben schon einigen Menschen das Leben erleichtert. Vielleicht gehören Sie ja auch dazu? Sei es eine Strichliste in einen Kalender einzutragen oder eine separate Abstreichliste zu führen, welche mit ansteigenden Zahlen versehen ist – so können Sie jedes Mal, wenn Sie eine Gewohnheit abermals wiederholt haben, einen Punkt von der Liste abstreichen.

Vielleicht wundert Sie diese Methode? Muss es aber nicht, denn Ihr Gehirn liebt Regelmäßigkeiten. Es sieht Unterbrechungen nicht allzu gerne und wenn Sie ehrlich zu sich selbst sind, mögen Sie das Gefühl, dass etwas fehlt, ebenso wenig, oder?

Wenn Sie jedes Mal eine Lücke in der Abstreichliste wahrnehmen, können Sie gar nicht anders, als diese schnellstmöglich schließen zu wollen.

Punkt 9: Entwickeln Sie eine Strategie für ernste Fälle

Es kann immer mal passieren, dass obwohl Sie sich vorbereitet haben, Tricks angewandt haben und jede Strategie durchgegangen sind, Sie dennoch einer ungewollten Gewohnheit nachgehen wollen. Für diesen Fall habe ich 5 Schritte vorbereitet, wie Sie es schaffen, erfolgreich mit der Situation umzugehen:

Schritt 1: Halten Sie kurz inne
Bleiben Sie ganz ruhig und tun Sie nichts. Nehmen Sie stattdessen das Verlangen nach der Gewohnheit bewusst wahr und atmen dabei tief ein und wieder aus. Konzentrieren Sie sich nur auf Ihren Atem und verringern Sie somit Ihr Stresslevel.

Schritt 2: Nehmen Sie das Verlangen wahr
Nehmen Sie das Verlangen wahr und achten Sie vor allem auf Ihre Gefühle dabei. Nur beobachten, nicht bewerten!

Schritt 3: Warten und halten Sie es aus
Im nächsten Schritt warten Sie geduldig ab. Ich gebe zu, dass dies der schwerste Schritt ist, denn Geduld ist nicht jedermanns Stärke. Außerdem fällt es einigen schwer, das unbändige Verlangen auszuhalten. Ich verspreche Ihnen, dass es nach einigen Minuten leichter wird, je häufiger Sie diese Übung anwenden müssen.

Schritt 4: Lassen Sie sich fallen
Und zwar in das Sicherheitsnetz, welches Sie in solchen Situationen immer wieder aufgefangen wird. Dies können Listen sein, die Ihnen noch einmal bewusst machen, welcher positive Nutzen auf Sie wartet, wenn Sie die Gewohnheit endlich loswerden, oder positiv formulierte Sätze, die Ihnen Kraft geben.

Schritt 5: Belohne Sie sich

Dieser letzte Schritt ist enorm wichtig, denn er gibt Ihnen nach diesem ganzen Stress ein gutes Gefühl. Seien Sie stolz auf sich, dass Sie dem Verlangen nicht nachgegeben haben, und machen Sie sich bewusst, dass Sie die Belohnung dafür mehr als verdient haben.

Punkt 10: Gebrauchen Sie Rückfälle ruhig

Keine Panik! Ein Rückfall ist überhaupt kein Problem, sondern Glück für Sie. Warum? Weil es gleichzeitig immer eine Erfahrung für Sie ist, von der Sie lernen können. Mit jedem Rückfall werden Sie erfahrener und kommen somit schneller ans Ziel, die Gewohnheit letztendlich zu ändern.

Fazit

Gewohnheiten zu verändern ist kein leichter Prozess, aber es ist auch nicht unmöglich, wie manche es behaupten. Alles fängt mit einem kleinen Kennenlernen der unbewussten Handlungen an, um effektiv und erfolgreich mit Ihnen arbeiten zu können. Sie und ich, wir brauchen Gewohnheiten. Ansonsten wäre unser Alltag ziemlich durcheinander und Sie müssten für jede, Gott sei Dank eigentlich automatische, Handlung die Entscheidung treffen, diese bewusst auszuführen. Leider fallen auch schlechte Gewohnheiten unter die Automatismen, die Sie dennoch mit einigen Tipps,

Tricks und diversen Strategien verändern oder ganz eliminieren können.

Gewohnheiten entstehen durch wiederholte Handlungen, also durch Routinen. Das fängt bereits im Kleinkindalter an. Durch ständige Wiederholungen werden diese Handlungen im Gehirn und im Unterbewusstsein gespeichert und sind automatisch abrufbar. Gerade weil jene sehr tief gehen, haben sie Macht über den eigenen Charakter, verschiedene Denkmuster und sogar Auswirkungen auf zwischenmenschliche Beziehungen. Wieso sollten Gewohnheiten überhaupt verändert werden? Ganz einfach: Sie können Ihnen schaden oder nutzen, weswegen positive von negativen Gewohnheiten unterschieden werden sollte.

Haben Sie gute und schlechte Gewohnheiten voneinander getrennt betrachtet, können Sie damit beginnen, diese zu transformieren. Es ist wichtig, zu erkennen, ob es sich bei den schlechten Gewohnheiten um Verhaltens-, Denk- oder Gefühlsgewohnheiten handelt, denn für jede der drei sind in diesem Buch spezielle Übungen vorhanden. Gleichzeitig laufen Gewohnheiten immer nach demselben Muster ab. Es gibt einen Auslöser, der eine Handlung freisetzt, die dann entweder ein Ergebnis mit sich bringt, welches negativ für einen selbst ist oder eine Belohnung, die einem guttut.

Viele Buchautoren haben leider den Mythos in die Welt gesetzt, dass es eine bestimmte Zeit dauert, bis sich eine Gewohnheit erfolgreich geändert hat, doch dies kann nicht so einfach pauschalisiert werden. Deswegen sollten Sie sich auf andere Faktoren konzentrieren, welche auf jeden Fall effektiv sind. Dazu habe ich Ihnen 13 an der Zahl genannt, die zeigen, wie lange es wirklich dauert, eine lästige Angewohnheit zu überwinden. Gleichzeitig finden sich hier aber auch Übungen, die Ihnen dabei helfen, gute Gewohnheiten weiter auszubauen und diese noch stärker in Ihrem Alltag wirken zu lassen.

Zum Schluss finden Sie 5 gute Gewohnheiten, mit denen Sie Zeitfressern keine Chance mehr geben, Ihnen Ihre Produktivität zu nehmen. Unter anderem war es mir wichtig, aufzuzeigen, dass ohne ein bisschen Selbstdisziplin keine Veränderung stattfinden kann, denn diese ist ein Prozess und so, wie Sie von heute auf morgen nicht plötzlich laufen gelernt haben, werden Sie eine festgefahrene Gewohnheit ebenfalls nicht von jetzt auf gleich wieder los. Machen Sie sich bewusst, dass Selbstdisziplin ab dem dritten Tag drei ganze Wochen anhält, um Ihnen über den schwierigsten Teil hinweg zu helfen. Deswegen sollten Sie alles daran setzen, disziplinierter durchs Leben zu gehen, denn auch das können Sie lernen!

Im letzten Kapitel haben Sie 10 wertvolle Strategien gefunden, die Ihnen dabei helfen, durchzuhalten und nicht aufzugeben, selbst wenn es Rückschläge geben sollte. Seien Sie sich immer im Klaren, was Ihr Nutzen von einer neuen Gewohnheit ist. Das wird Sie motivieren, weiterzumachen.

Herstellung und Verlag:

BoD – Books on Demand, Norderstedt

ISBN: 9783752669114

© Mareike Schüder 2020

1. Auflage

Kontakt: Psiana eCom UG/ Berumer Str. 44/ 26844 Jemgum

Covergestaltung: Fenna Larsson

Coverfoto: depositphotos.com